Comment ouvrir un magasin de fleurs et combien ça rapporte ?

# Sommaire

**Chapitre 1 - Introduction.**

Pourquoi ouvrir un magasin de fleurs ?     8

Aperçu du marché     10

**Chapitre 2 - Planification et Recherche.**

Étude de marché     16

Choix du lieu     19

**Chapitre 3 - Aspects juridiques et administratifs.**

Formalités de création     24

Réglementations spécifiques     26

**Chapitre 4 - Le Plan Financier.**

Coûts initiaux     32

Prévisions des ventes     34

## Chapitre 5 - Marketing et Ventes.

Stratégie de marketing — 40

Techniques de vente — 42

## Chapitre 6 - Gestion quotidienne.

Approvisionnement — 48

Service client — 50

## Chapitre 7 - Aménagement du magasin.

Design et disposition — 56

Atmosphère et expérience client — 58

## Chapitre 8 - Produits et Services.

Sélection de produits — 64

Services additionnels — 66

## Chapitre 9 - Gestion des employés.

Recrutement — 72

Formation — 74

**Chapitre 10 - Technologie et Innovations.**

Systèmes de point de vente — 80

Tendances innovantes — 82

**Chapitre 11 - Expansion et Croissance.**

Stratégies d'expansion — 88

Partenariats et collaborations — 91

**Chapitre 12 - Études de cas.**

Succès et échecs — 96

Leçons apprises — 98

**Chapitre 13 - Conclusion.**

Récapitulatif des points clés — 104

Conseils finaux — 106

# Chapitre 1
# Introduction.

## Pourquoi ouvrir un magasin de fleurs ?

La vie est parsemée de moments à célébrer, de joies à partager et parfois de peines à soulager. Pour toutes ces occasions, et bien d'autres encore, les fleurs se révèlent être de précieux alliés. L'ouverture d'un magasin de fleurs est un projet passionnant, stimulé par une variété de facteurs intéressants.

La floriculture est un secteur d'activité qui a su traverser les âges, transgresser les sociétés et franchir les frontières. L'attraction universelle qu'exercent ces plantes colorées et odorantes est indéniable. De par leurs multiples formes, tailles et couleurs, les fleurs sont des présents qui incarnent une pléthore de sentiments et de messages, une polyvalence qui les rend indispensables lors d'évènements variés. Un magasin de fleurs est donc un espace où les âmes sensibles et celles en quête de beauté peuvent venir chercher ce dont elles ont besoin.

En ouvrant un magasin de fleurs, on puise directement dans cette beauté universelle et intemporelle. C'est une entreprise qui met en avant l'esthétique, l'harmonie et l'émotion. Il s'agit de comprendre ce que les gens ressentent et de transformer ces sentiments en un bouquet tangible qui parle d'eux-mêmes. En contribuant à faciliter cette communication émotionnelle, on fournit un avantage précieux qui est respecté et recherché.

C'est aussi une entreprise qui s'inscrit dans une démarche de développement durable. Les fleurs, tout en étant belles, sont également essentielles à l'équilibre écologique. Elles fournissent de la nourriture aux abeilles, aux papillons et à de nombreux autres insectes pollinisateurs qui sont essentiels pour le fonctionnement de notre écosystème. Ainsi, en vendant des fleurs locales et de saison, on contribue à encourager une économie verte et responsable.

De plus, avec le bon plan d'affaire et une gestion sérieuse, le métier de fleuriste a une rentabilité intéressante. Une étude appropriée du marché local, la connaissance du produit et le sens du service client sont autant d'éléments clé qui peuvent propulser un magasin de fleurs vers la réussite financière. Il y a également une satisfaction personnelle à gagner de comprendre les besoins et préférences des clients et de les aider à trouver ce qu'ils cherchent.

Finalement, posséder un magasin de fleurs c'est être entrepreneur, artiste, conseiller et environnementaliste à la fois. C'est une occupation qui non seulement fournit un revenu, mais égaye aussi la vie de ceux qui entrent dans le magasin et bénéficient de vos produits. Chaque jour apporte de nouvelles fleurs, de nouveaux défis et de nouvelles opportunités de grandir, d'apprendre et de s'épanouir. Si vous avez une âme d'artiste, un amour pour les plantes et un don pour le relationnel, se lancer dans l'aventure florale pourrait se révéler être un choix de carrière absolument gratifiant.

## Aperçu du marché

L'ouverture d'un magasin de fleurs est un projet entrepreneurial qui allie passion et commerce. Pourtant, avant de se lancer, il est essentiel d'acquérir une connaissance profonde du marché de la floriculture. Cet ouvrage n'entend pas seulement vous emmener dans le monde des fleurs et du commerce, il vise à vous fournir un aperçu détaillé du marché des fleurs.

Le marché horticole, et plus particulièrement celui des fleurs, varie considérablement d'une région à l'autre, et à différents moments de l'année. C'est un marché complexe, alimenté par des tendances fluctuantes, des saisons changeantes et une demande diverse. Le consommateur moyen d'aujourd'hui n'est plus seulement intéressé par l'achat d'un bouquet de roses pour la Saint-Valentin. Il cherche plutôt des plantes et des fleurs pour embellir sa maison, son balcon ou son jardin, ou pour offrir en cadeau lors de diverses occasions.

Malgré une concurrence accrue des supermarchés et des vendeurs en ligne, les magasins physiques de fleurs restent une option privilégiée pour un nombre important de consommateurs. Ces derniers apprécient le service personnalisé, l'expertise et la qualité supérieure des produits que ces magasins peuvent offrir. C'est là que l'implication de l'entrepreneur, sa connaissance des fleurs, son sens du service et son goût pour l'esthétique entrent véritablement en jeu. Ces aspects sont souvent les différenciateurs clés dans ce marché.

Mais le marché des fleurs ne se limite pas à la

vente au détail. Il y a également un secteur important de services aux entreprises telles que les restaurants, les hôtels, les bureaux d'entreprise et les lieux d'événements, qui recherchent régulièrement des arrangements floraux pour améliorer leur esthétique. Il y a également une forte demande pour les services de décoration de mariage et d'événements, qui nécessitent souvent une grande quantité de fleurs et de compétences particulières en matière de design floral.

La demande de fleurs biologiques et locales est également en hausse, reflétant une prise de conscience croissante de l'impact environnemental de l'agriculture. Ainsi, les entrepreneurs qui peuvent fournir des produits respectueux de l'environnement peuvent bénéficier d'une niche de marché potentiellement lucrative.

Au niveau financier, le marché de la fleur est un domaine où les marges peuvent être importantes, surtout lorsque l'on possède la capacité de créer des arrangements floraux personnalisés, qui peuvent être vendus à des prix élevés. Toutefois, il convient de noter que la tenue d'un magasin de fleurs comporte également des coûts significatifs :

l'achat des fleurs, leur préservation, l'entretien du magasin, les frais de personnel, etc.

En conclusion, le marché de la fleur est un secteur dynamique et stimulant, offrant des opportunités tant au niveau du commerce de détail que des services aux entreprises. Son succès dépend de nombreux facteurs, dont la connaissance du produit, la capacité à répondre aux attentes des clients, l'emplacement du magasin, la gestion des stocks, et bien sûr la passion pour les fleurs.

# Chapitre 2
# Planification et
# Recherche.

## Étude de marché

Fabriquer un bouquet de fleurs est un métier qui exige beaucoup d'art et de délicatesse, cependant avant de créer votre boutique, la première étape, la plus essentielle, est l'étude de marché.

Pour commencer, la connaissance de votre marché cible est cruciale. Quel type de consommateurs souhaitez-vous atteindre ? S'agit-il de mariées en quête du bouquet parfait pour leur grand jour, ou de personnes souhaitant simplement ajouter de la fraîcheur et de la couleur à leur domicile ? Chacun de ces groupes a des attentes différentes qui influenceront non seulement le type de produits que vous offrez, mais aussi leur prix et leur présentation.

Une fois votre marché cible défini, il sera nécessaire de comprendre votre concurrence. Partez à la découverte des magasins de fleurs existants, que ce soit en visitant leurs boutiques ou en explorant leurs sites Web et leurs médias sociaux. Portez une attention particulière à leurs best-sellers, à leur image de marque et à leur stratégie de prix. Ces informations vous seront d'une grande aide pour comprendre ce qui fonctionne sur votre marché, mais aussi pour identifier d'éventuelles failles dans leurs offres que vous pourriez exploiter.

Cependant, essayer de se différencier par le prix ou de simplement imiter ce qui a réussi à d'autres n'est pas toujours la meilleure approche. Pour cela, il faut une bonne mesure d'innovation. Les tendances dans le monde des fleurs évoluent rapidement, de nouveaux types de bouquets ou de fleurs deviennent populaires, tout comme les nouvelles façons de les présenter. Par exemple, les compositions florales durables et éco-responsables gagnent en popularité, tout comme les ateliers pour apprendre à faire ses propres bouquets. Par conséquent, il est important de rester à jour avec ces tendances et peut-être même d'être en avance sur certaines !

Un autre aspect fondamental de l'étude de marché est de comprendre la saisonnalité qui affecte ce type de business. Le volume et le type de ventes varient au fil de l'année, avec des pics pendant les périodes festives comme la Saint-Valentin ou la fête des mères, ou pendant les saisons des mariages. Il est crucial de prévoir ces variations pour gérer efficacement votre stock et éviter le gaspillage de fleurs, tout en maximisant vos revenus.

Enfin, n'oubliez pas les aspects plus techniques. Quelles sont les régulations locales concernant l'ouverture et le fonctionnement d'une boutique de fleurs ? Qu'en est-il des coûts associés, tels que le loyer du local, l'achat des fleurs, l'emballage, la livraison, les salaires si vous prévoyez d'embaucher du personnel ?

L'étude de marché n'est pas une étape à prendre à la légère. Bien que complexe, elle est d'une importance vitale pour le succès de votre entreprise. Une étude approfondie vous permettra de mieux cibler vos produits, de vous positionner par rapport à vos concurrents, de rester à l'écoute des tendances du marché, de comprendre et de planifier les variations saisonnières et de vous préparer à affronter la réalité technique et financière de l'ouverture d'une boutique de fleurs. Il est certain qu'en abordant ces éléments avec sérieux et détermination, vous poserez des bases solides pour votre magasin de fleurs.

## Choix du lieu

Le choix du lieu pour votre magasin de fleurs est un aspect crucial de sa planification. Il déterminera non seulement la performance de vos ventes, mais aussi l'image de marque de votre commerce. Les emplacements les plus populaires ne sont pas toujours les plus rentables, il est donc important de soigneusement considérer chaque facteur avant de prendre une décision.

Dans toute entreprise et particulièrement pour un magasin de fleurs, le trafic piéton est le poumon de votre activité. Un emplacement dans une rue animée ou près d'un lieu présentant un grand flux de personnes, comme le métro, peut considérablement augmenter votre visibilité. Cependant, un magasin de fleurs est souvent perçu comme un havre de paix et de beauté loin du tumulte de la vie urbaine. Il peut être intéressant d'envisager un lieu à l'écart des voies principales mais qui présente un certain charme esthétique qui saura attirer l'attention de vos clients potentiels.

Il est également important de prendre en considération votre clientèle cible. Si vous visez les cadres d'entreprise pour des ventes d'arrangements de fleurs de bureau ou pour des événements corporatifs, l'installation près de centres d'entreprises pourrait être une idée judicieuse. Par contre, si votre clientèle est plutôt à la recherche de bouquets de fleurs pour offrir dans des occasions spéciales, il pourrait être préférable de vous situer près de quartiers résidentiels où les habitants ont du temps pour flâner et s'arrêter pour discuter et acheter.

Pensez également à la concurrence. Vous voulez un emplacement qui vous donne une visibilité, certes, mais vous ne voulez pas vous situer trop près de concurrents établis où la loyauté des clients pourrait être difficile à briser. Au lieu de cela, considérez les zones sous-desservies où la demande est potentiellement forte mais non satisfaite.

Le coût et la accessibilité de l'emplacement sont aussi essentiels à considérer. La location d'un espace commercial dans des zones très fréquentées peut être coûteuse, mais l'augmentation potentielle des ventes pourrait compenser ce coût supplémentaire. De plus, il est important de prendre en compte la facilité d'accès de l'emplacement pour vous, votre personnel et vos clients. Un parking proche ou des arrêts de transports en commun peuvent être déterminants pour assurer une clientèle régulière.

Enfin, faites un point sur le potentiel de l'espace choisi pour répondre à vos besoins spécifiques. Par exemple, l'espace est-il suffisant pour afficher un large assortiment de fleurs ? Existe-t-il suffisamment de place pour le stockage au frais des fleurs et des plantes ? Ces détails pratiques peuvent sembler mineurs, mais ils peuvent faire toute la différence dans la réussite de votre entreprise.

Prendre le temps de bien choisir le lieu de votre magasin de fleurs est un investissement. C'est par cette étape réfléchie que vous poserez les fondations de votre vision entrepreneuriale, contribuant à façonner votre future entreprise en une réussite florissante.

22

# Chapitre 3
# Aspects juridiques et administratifs.

## Formalités de création

La création d'un magasin de fleurs implique un ensemble complexe de formalités juridiques et administratives. Afin de pouvoir transmettre le maximum d'information de manière claire et concise, il est essentiel de suivre étape par étape le processus.

Tout commence par l'élaboration d'un plan d'affaires solide. Ce document exhaustif et stratégique constituera la fondation même de l'entreprise. Il comprendra des éléments clés tels que l'étude de marché, l'analyse de la concurrence et le budget prévisionnel. Sur le plan juridique, le plan d'affaires est essentiel car il aide à convaincre les banques et les investisseurs de la viabilité de l'entreprise et peut aider à obtenir des prêts ou d'autres types de financements.

Toutefois, avant le lancement du magasin, l'étape suivante concerne le choix de la structure juridique de l'entreprise. Il existe plusieurs options, comme la SARL, EURL ou même SAS, chacune ayant ses propres avantages et inconvénients. Le choix de la structure variera en fonction de plusieurs facteurs tels que le nombre de partenaires, le capital disponible, et le niveau de responsabilité que l'entrepreneur est prêt à assumer.

L'entrepreneur doit ensuite procéder à l'immatriculation de l'entreprise. Le processus d'immatriculation se fait auprès du Registre du Commerce et des Sociétés (RCS) pour les commerçants et de la Chambre de Métiers et de l'Artisanat (CMA) pour les artisans. Au moment de l'immatriculation, il est également nécessaire de fournir un certain nombre de documents, y compris la preuve de l'adresse du siège social, le statut de la société, le justificatif d'aptitude professionnelle - un CAP Fleuriste par exemple - et une déclaration de non-condamnation pénale.

Un autre aspect crucial des formalités de création concerne l'obtention de licences et de permis spécifiques. Le loueur de fonds est un statut nécessaire pour pouvoir vendre des fleurs, il offre l'avantage de pouvoir acheter sans TVA les végétaux et les contenants pour compositions florales. De même, si le magasin prévoit de vendre certaines espèces protégées, il peut être nécessaire d'obtenir des permis spéciaux, aussi, tous les commerçants doivent souscrire à une assurance responsabilité civile professionnelle.

Enfin, il est nécessaire de se conformer aux réglementations locales relatives à l'emplacement et au type d'établissement. Les réglementations de zonage varient grandement d'une ville à l'autre, les entrepreneurs doivent donc vérifier qu'ils sont autorisés à ouvrir un magasin de fleurs à l'emplacement choisi. De plus, des réglementations spécifiques peuvent s'appliquer pour affecter un local commercial à une activité de fleuriste.

En somme, l'ouverture d'un magasin de fleurs nécessite une grande quantité de planification et de préparation, mais avec le bon état d'esprit et une compréhension claire des formalités de création, l'entreprise a toutes les chances de prospérer.

## Réglementations spécifiques

Dans le cadre de la création d'un magasin de fleurs, certaines réglementations spécifiques doivent être respectées pour se conformer aux normes en vigueur et garantir le bon fonctionnement de l'entreprise.

Tout d'abord, le futur gérant de la boutique doit obtenir certains diplômes ou qualifications. L'une des qualifications les plus reconnues dans ce secteur est le diplôme du CAP Fleuriste. Acquérir cette certification prouve non seulement la compétence technique du propriétaire, mais elle est également une condition préalable obligatoire pour ouvrir un magasin de fleurs dans certains pays. En plus de ces qualifications académiques, certaines compétences pratiques sont également nécessaires, par exemple une compréhension approfondie des différents types de fleurs, leur saisonnalité et leurs besoins en soins.

Passons maintenant aux aspects légaux et administratifs. La réglementation sur l'utilisation des pesticides est un point crucial à considérer. Les fleuristes sont tenus de respecter les normes strictes de l'utilisation des produits chimiques dans leurs activités quotidiennes. Ces normes sont conçues pour protéger la santé des travailleurs et des clients, ainsi que pour minimiser les impacts environnementaux. Il est donc conseillé de bien comprendre ces règles et de s'assurer de leur conformité dans toutes les opérations de la boutique.

L'une des autres réglementations spécifiques est que le local du magasin doit être adapté à la vente de fleurs. Il doit, par exemple, être bien ventilé et bénéficier d'une bonne exposition à la lumière naturelle pour préserver la qualité et la fraîcheur des fleurs. En outre, le stockage et l'affichage des fleurs doivent être faits de manière à prévenir les maladies et les infestations parasites, ce qui pourrait compromettre la qualité des produits.

Le cadres légal autour de la gestion des déchets est une autre question clé à considérer. Les déchets générés par une boutique de fleurs peuvent avoir un impact environnemental significatif si la gestion appropriée et l'élimination responsable ne sont pas appliquées. Pour atténuer ces effets, les fleuristes sont tenus par la loi de suivre les directives spécifiques sur la gestion et l'élimination des déchets issus de leurs activités.

Enfin, il est obligatoire de se conformer aux réglementations locales et nationales concernant le registre du commerce et les licences commerciales nécessaires pour le bon fonctionnement de la boutique. Ces formalités juridiques et administratives sont essentielles pour formaliser l'entreprise, obtenir les autorisations requises et prévenir d'éventuelles complications juridiques.

Ces réglementations spécifiques jouent un rôle crucial dans le lancement réussi d'un magasin de fleurs. Elles guident non seulement le propriétaire dans la configuration correcte de son entreprise, mais elles garantissent également un environnement sain et sûr pour les clients et le personnel impliqué dans le fonctionnement quotidien de la boutique.

# Chapitre 4
# Le Plan
# Financier.

## Coûts initiaux

S'engager dans l'aventure de la création d'un magasin de fleurs est un projet aussi passionnant qu'exigeant. L'une des premières étapes dans cet élan entrepreneurial est la prise en compte de tous les coûts initiaux associés à l'ouverture d'une telle entreprise. Comprendre ces coûts, c'est d'abord accepter de faire face à un investissement significatif avant même que les premiers revenus ne commencent à se concrétiser.

D'abord et avant tout, il y a le coût du local. Si vous prévoyez d'acheter un espace pour votre magasin, il faudra compter plusieurs dizaines de milliers de dollars, voire plus selon l'emplacement et la taille du local. Si, en revanche, vous préférez louer un local, vous devrez probablement payer plusieurs mois de loyer avant même l'ouverture de votre magasin. Cela peut représenter une dépense initiale de 5000 dollars ou plus selon le lieu.

De plus, il y a les coûts d'aménagement et de décoration du magasin. Les coûts d'aménagement englobent tout, de l'équipement nécessaire à la vente de fleurs (réfrigérateurs, étagères, comptoirs) à l'éclairage et à la signalétique. Il faut également tenir compte des travaux de rénovation pour adapter le local à vos besoins. Ces dépenses peuvent facilement dépasser 10 000 dollars.

Les fleurs, bien sûr, constituent une part significative des coûts initiaux. Il faut prévoir de quoi acheter une grande variété de fleurs pour assurer une offre diversifiée dès l'ouverture. Ces coûts peuvent varier en fonction de nombreux facteurs, notamment l'époque de l'année et le type de fleurs. Toutefois, vous pouvez prévoir de dépenser plusieurs milliers de dollars pour constituer un stock initial de fleurs.

N'oublions pas aussi le coût de la publicité et du marketing au moment de l'ouverture. Il s'agit d'annoncer efficacement l'ouverture de votre entreprise pour attirer les premiers clients. Que vous optiez pour la publicité en ligne, les flyers, les panneaux d'affichage locaux ou une combinaison de ces méthodes, ces dépenses peuvent rapidement s'accumuler et représenter facilement quelques milliers de dollars.

Enfin, en tant que propriétaire d'entreprise, vous

devrez prévoir des frais juridiques et administratifs. L'obtention des licences nécessaires, l'enregistrement de l'entreprise, la mise en place d'une comptabilité appropriée... ces éléments ont tous des coûts qui, bien que généralement moins élevés que les coûts physiques tels que l'immobilier ou l'équipement, sont néanmoins essentiels pour démarrer légalement et efficacement votre entreprise de vente de fleurs.

En somme, lancer un magasin de fleurs nécessite une compréhension globale des nombreux coûts initiaux associés. Ces coûts comprennent le local, l'aménagement du magasin, le stock initial de fleurs, la publicité et les frais juridiques et administratifs. Ces éléments constituent le socle de l'investissement initial nécessaire pour démarrer votre entreprise florale. Alors que les montants exacts peuvent varier considérablement en fonction de nombreux facteurs, une chose est sûre : un plan financier réfléchi et soigneusement élaboré est un élément essentiel dans le succès de votre entreprise.

## Prévisions des ventes

L'aspect financier est un élément crucial lorsqu'on

décide d'ouvrir un magasin de fleurs. Cela dit, nous aborderons à présent les prévisions des ventes, qui jouent un rôle fondamental dans l'élaboration de votre plan financier.

Comme base pour ces prévisions, un bon point de départ serait d'évaluer les ventes de fleurs par habitant dans votre région. En regardant ces chiffres, vous pourrez avoir une idée générale de la somme que les clients sont disposés à dépenser en fleurs. Ensuite, en prenant en compte la population de votre zone de chalandise, et en tenant compte de la nature saisonnière de votre entreprise, vous serez en mesure de bâtir des prévisions de ventes réalisables.

Les prévisions des ventes devraient également tenir compte de la diversité des produits offerts dans votre magasin. Outre les fleurs fraîches, vous pourriez proposer des plantes en pot, des arrangements floraux pour des éventements spéciaux, des services de livraison, et d'autres produits relatifs à l'horticulture. Chacun de ces segments contribue à vos revenus de manière différente, et il est important de comprendre leur potentiel respectif pour réaliser des prévisions de ventes précises.

Une autre considération importante dans la prévision des ventes est de bien comprendre les fluctuations saisonnières. La demande de fleurs est fortement influencée par les saisons, les vacances et les événements spéciaux tels que les mariages, les anniversaires, et les funérailles. Certaines périodes de l'année peuvent être particulièrement lucratives, comme la Saint-Valentin, la fête des Mères, ou la saison des mariages du printemps et de l'été. Assurez-vous donc d'ajuster vos prévisions de ventes pour tenir compte de ces variations saisonnières.

De plus, les prévisions de vente peuvent être influencées par une variété d'autres facteurs allant de la concurrence locale à l'évolution des tendances de consommation. Prenez le temps de bien comprendre votre marché et de vous tenir informé des développements pertinents. Cela vous aidera à anticiper les changements sur le marché et à ajuster vos prévisions de vente en conséquence.

En résumé, vos prévisions de vente devraient être basées sur une combinaison d'informations quantitatives et qualitatives. C'est l'occasion de vous pencher de manière détaillée sur chaque élément de votre magasin de fleurs et de comprendre comment ils contribuent à vos revenus. Il est essentiel de faire preuve d'une rigueur scrupuleuse dans ce processus pour garantir une vision réaliste de votre magasin.

Un souci constant d'optimisation et d'adaptation peut parfois être nécessaire. Être capable de faire des prévisions précises signifie aussi être en mesure de changer si les choses ne se passent pas comme prévu. Après tout, la clé du succès en affaires est l'adaptabilité.

En prévoyant soigneusement vos ventes, vous pouvez faire des choix éclairés pour votre magasin, ce qui vous aidera non seulement à maximiser les profits, mais aussi à minimiser les risques financiers. Les prévisions des ventes ne sont pas une science exacte, mais en mettant en place une approche rigoureuse et méthodique, vous pouvez poser des bases solides pour votre entreprise florissante.

# Chapitre 5
# Marketing et Ventes.

## Stratégie de marketing

La mise en place d'une stratégie de marketing efficace est primordiale pour la réussite de tout commerce, et un magasin de fleurs ne fait pas exception. C'est par le biais du marketing que l'on touche le public, que l'on communique l'identité de sa marque, et que l'on attire et fidélise sa clientèle. Pour débuter une telle tâche, il est crucial de bien comprendre la valeur intrinsèque de ce que votre magasin offre. Les fleurs sont davantage qu'un simple produit : elles sont le vecteur d'émotions, un cadeau pour les moments tendres, un geste pour les occasions spéciales, un moyen d'exprimer ce que les mots ne peuvent véhiculer. C'est cette dimension émotionnelle qui doit être le fil conducteur de votre stratégie de marketing, car elle est la clé pour toucher le cœur de vos clients.

Dans ce sens, le storytelling est une approche particulièrement efficace. Par le biais d'histoires captivantes, que ce soit celle de votre entreprise, celle des fleurs que vous vendez, ou celle des moments uniques que vos clients pourront créer grâce à elles, vous pouvez susciter de l'intérêt et des émotions. De plus, l'authenticité et la transparence étant de plus en plus valorisées par les consommateurs, partager l'histoire vraie de votre commerce et de votre passion pour les fleurs peut vous aider à vous démarquer de vos concurrents et à créer un lien avec votre clientèle.

Il est également important d'optimiser votre visibilité, et notamment sur le web. Aujourd'hui, une grande partie des achats commence par une recherche en ligne. Il est donc essentiel que votre magasin apparaisse en bonne position dans les résultats de recherche locaux. Pour cela, vous pouvez employer plusieurs techniques, comme le SEO (Search Engine Optimization) ou la publicité payante. En parallèle, les réseaux sociaux peuvent être un excellent moyen de toucher un large public, de mettre en avant votre expertise et d'interagir directement avec vos clients et futurs clients - pensez à partager régulièrement des photos de vos plus beaux bouquets, des astuces pour l'entretien des fleurs, les histoires derrière certains arrangements, etc.

En outre, n'oubliez pas l'importance d'une expérience client exceptionnelle. Les publicités et les promotions peuvent attirer des clients, mais c'est la qualité du service qui les convaincra de revenir. Faites en sorte que chaque interaction avec votre magasin soit agréable et facile, soyez à l'écoute et prêt à aider, offrez un environnement attrayant et inspirant. De plus, pensez à mettre en œuvre un programme de fidélité pour récompenser vos clients réguliers.

Enfin, le partenariat peut être une autre façon précieuse de stimuler votre marketing. Collaborer avec des entreprises complémentaires, comme des salles de réception ou des organisateurs d'événements, peut vous apporter une visibilité et une clientèle supplémentaires.

En somme, une stratégie de marketing réussie est un mélange de compréhension de votre audience, de communication percutante, de visibilité bien gérée, d'expérience client soignée et de collaboration intelligente. C'est en alliant tous ces éléments que vous pourrez faire prospérer votre magasin de fleurs.

## Techniques de vente

Dans le monde coloré du commerce floristique, le talent artistique n'est pas la seule compétence requise. L'aspect commercial, et particulièrement les techniques de vente, est d'une importance capitale pour garantir la rentabilité de votre boutique. C'est dans cette perspective que ce livre a été conçu.

Pour commencer, la clé d'une vente réussie réside dans le développement d'une compréhension profonde des besoins de vos clients. Il est essentiel de savoir que derrière chaque achat de fleurs, il y a une émotion, une intention et un message à transmettre. Pour ce faire, adoptez une écoute active et instaurez un climat de confiance avec vos clients. Soyez attentifs à leurs demandes et essayez de vous mettre à leur place pour comprendre l'émotion ou le message qu'ils souhaitent véhiculer.

Pendant l'interaction avec votre client, maîtrisez votre discours commercial. Familier avec les variétés de fleurs que vous proposez, mettez en avant leurs significations symboliques souvent méconnues par le grand public. Rien n'est plus séduisant pour un client que de savoir que la variété de roses qu'il vient d'acheter symbolise la passion ou que les tulipes qu'il offre sont synonymes de déclaration d'amour. Cette maîtrise du langage floral renforce votre image d'expert, ce qui inspire confiance et crédibilité auprès des clients.

Au-delà du discours, la pédagogie est essentielle. En effet, accompagner le client dans le choix de ses fleurs, c'est aussi lui expliquer comment les entretenir et ainsi leur garantir une durée de vie optimale. Cette attitude lui donne confiance en sachant qu'il repart avec des fleurs de qualité mais aussi un savoir-faire pour les préserver plus longtemps.

Aussi, ne sous-estimez pas l'impact des promotions et des offres spéciales dans l'acte d'achat du client. En organisant régulièrement des promotions pour certaines occasions ou en proposant des rabais pour les clients fidèles, vous créez un sentiment de valeur ajoutée qui peut inciter à l'achat.

Enfin, dans une perspective plus large, n'oubliez pas d'adopter une stratégie marketing multi-canal pour augmenter votre visibilité et attirer une clientèle plus large. L'association d'une boutique physique à une présence en ligne est une nécessité absolue à l'ère numérique. La mise en place d'un site internet ou d'une page sur les réseaux sociaux vous permet de présenter votre collection de fleurs, de partager votre passion et d'attirer des clients potentiels.

Au final, vendre des fleurs, c'est avant tout un métier de passion où chaque interaction, chaque vente est unique. Et même si la fonction commerciale peut sembler accablante, rappelez-vous que chaque technique de vente est une opportunité de partager votre amour des fleurs avec votre clientèle. Alors, soyez à l'écoute, soyez informés, soyez pédagogues, soyez enthousiastes et regardez votre affaire florale s'épanouir.

# Chapitre 6
# Gestion quotidienne.

## Approvisionnement

L'un des piliers de la gestion quotidienne d'une boutique de fleurs est sans aucun doute l'approvisionnement, un art qui, à première vue, peut paraître simple mais qui exige en réalité une grande connaissance du métier et une logistique rigoureuse. Ce processus débute par une étroite collaboration avec vos fournisseurs. Votre choix se portera sur des fournisseurs de confiance, offrant des produits de qualité à des prix compétitifs. Il est primordial de bien choisir ses partenaires car ce sont eux qui déterminent en grande partie le succès de votre affaire.

Les commandes se font généralement deux fois par semaine pour permettre une rotation régulière des produits, offrant ainsi aux clients des fleurs fraîches et en bonne santé. Établir un jour précis pour ces commandes n'est pas seulement un souci de routine, mais cela permet aux fournisseurs de prévoir leurs stocks et à vous, en tant que gérant, de mieux vous organiser.

Cependant, il ne s'agit pas seulement de passer des commandes : vous devez également vous assurer que votre inventaire correspond aux besoins de votre clientèle. Cela inclut une bonne connaissance des tendances saisonnières, des fêtes et des événements locaux. Par exemple, l'arrivée du printemps marque souvent une augmentation des ventes de jonquilles et de tulipes, tandis que la Saint-Valentin voit une demande accrue de roses rouges.

Un autre aspect de l'approvisionnement réside dans la variété des fleurs que vous proposez. Tandis que les roses, les tournesols et les pivoines ont certes leurs adeptes fidèles, proposer une variété plus exotique peut vous différencier de la concurrence et attirer un marché plus large de passionnés de botanique. Les orchidées, les lys de lotus ou les rares kakabeaks peuvent être un atout précieux pour votre boutique.

N'oubliez pas non plus que l'approvisionnement ne se limite pas uniquement aux fleurs. Les vases, les décorations, les produits d'entretien pour plantes et les accessoires de jardinage peuvent aussi contribuer à diversifier votre offre et à augmenter votre chiffre d'affaires.

Mais par-dessus tout, l'approvisionnement d'une boutique de fleurs exige une gestion attentive et réfléchie des déchets. Malheureusement, toutes les fleurs ne se vendent pas et leur durée de vie limitée implique qu'un certain pourcentage de votre stock finira dans la poubelle au lieu du vase d'un client. Il est indispensable de planifier vos commandes en conséquence tout en faisant preuve de flexibilité pour réduire le gaspillage et maximiser le profit.

En conclusion, la gestion des approvisionnements doit être envisagée comme un travail d'équilibriste. Entre une commande trop frugale qui risquerait de laisser vos clients fidèles sur leur faim, et un approvisionnement trop optimiste qui se solderait par un gaspillage coûteux, l'équilibre est subtil. Mais avec une planification réfléchie, un suivi rigoureux et une bonne connaissance de votre marché, vous serez à même de tirer le meilleur parti de vos fournisseurs, garantissant ainsi une rentabilité optimale pour votre boutique de fleurs.

## Service client

Le service à la clientèle est l'épine dorsale de toute entreprise, plus encore dans le cas d'un magasin de fleurs où chaque interaction peut être personnelle et précieuse. Quand les clients marchent dans un magasin de fleurs, ils viennent habituellement avec une occasion en tête. Ils ont besoin de votre expertise pour exprimer leurs sentiments dans le langage des fleurs. Leur expérience dans votre boutique a non seulement un impact sur la vente en cours, mais détermine également si leurs futures célébrations seront embellies par vos compositions florales.

Pour garantir une satisfaction maximale du client, il est essentiel de comprendre leur besoin dès qu'ils franchissent votre porte. Cela implique de mettre en œuvre une stratégie d'écoute active, où l'on accorde une attention totale au client. Ce sera utile pour comprendre non seulement leur demande de fleurs spécifiques, mais aussi le contexte de leur achat. C'est le moment crucial pour apporter ce petit plus qui distingue votre magasin de fleurs des autres.

Un sourire, un accueil chaleureux peuvent illuminer la journée de votre client. La boutique de fleurs n'est pas seulement un lieu d'achat, elle doit être un lieu d'expression des sentiments. Ainsi, créer une atmosphère accueillante favorisera une expérience agréable pour le client. De plus, lors de l'interaction avec les clients, l'authenticité est clé. Un intérêt sincère pour leurs histoires rendra la conversation plus fluide et enrichira leur expérience.

Dans un magasin de fleurs, chaque client est unique et leur choix de fleurs l'est aussi. Il est donc important d'offrir un service personnalisé. Connaître les préférences de vos clients habituels ou prendre le temps de trouver la composition parfaite pour un nouveau client peut faire une grande différence. N'hésitez pas à poser des questions supplémentaires pour mieux comprendre leurs goûts ou le message qu'ils veulent transmettre.

En termes de gestion des plaintes, la patience, l'empathie et l'efficacité sont la solution. Même si le client n'a pas toujours raison, son ressenti doit être pris en compte. Une réponse rapide et appropriée peut transformer une expérience négative en une occasion de montrer le dévouement de votre service envers les clients.

Enfin, n'oubliez pas le rôle crucial du suivi. Une appréciation exprimée par un appel ou un message après une grande commande, par exemple, montre non seulement votre professionnalisme, mais aussi votre attention envers le client. Après tout, un client heureux est un client fidèle.

Fournir un service à la clientèle exceptionnel peut sembler intimidant, mais il embellit l'essence de votre magasin de fleurs. En mettant l'accent sur l'écoute, l'empathie, la personnalisation et le suivi, vous transformez un achat en expérience. C'est cette expérience qui fera revenir les clients dans votre boutique, assurant ainsi la rentabilité de votre entreprise florale.

54

# Chapitre 7
# Aménagement
# du magasin.

## Design et disposition

Le design et la disposition de votre magasin de fleurs ont une importance cruciale dans votre projet de petite entreprise florale. Une esthétique plaisante attire les clients, tandis qu'une disposition pratique favorise une expérience d'achat agréable. Avec un agencement bien réfléchi et esthétique, votre boutique peut se distinguer et se renforcer dans un marché concurrentiel.

En concevant votre magasin de fleurs, songez toujours à l'impact émotionnel que vous souhaitez produire. Les fleurs sont magnifiques par nature; par conséquent, un magasin de fleurs doit mettre en évidence cette beauté naturelle plutôt que de la masquer. Les couleurs douces du mur et du sol, complétées par des éclairages chaleureux, permettent de mettre en valeur l'éclat des compositions florales. Le choix du mobilier est également essentiel. Les meubles qui rappellent le monde naturel, en bois par exemple, peuvent ajouter une touche d'authenticité à l'ensemble.

La disposition de votre magasin devrait favoriser la circulation et la découverte. En entrant, les clients devraient être accueillis par une sélection éblouissante de vos plus belles pièces, peut-être disposées sur une table centrale. Une allée circulaire permet une promenade agréable avec une succession de surprises florales, et dirigera les clients vers l'ensemble de vos offres.

L'agencement de votre magasin peut aussi inclure des zones spécifiques pour différents types de fleurs ou d'occasions. Ainsi, les clients qui cherchent des compositions pour un mariage, par exemple, peuvent se rendre directement dans votre 'coin mariage'. Les zones thématiques peuvent non seulement aider vos clients à trouver ce qu'ils cherchent, mais aussi présenter clairement toute l'étendue de vos services.

La zone de paiement est un autre aspect fondamental de l'agencement de votre magasin. Elle doit être facile d'accès, pratique et élégante. D'une part, cette zone devrait encourager les achats impulsifs de dernière minute, en exposant de petites compositions ou des accessoires attrayants. D'autre part, elle devrait refléter l'image de votre boutique: si le reste du magasin est harmonieux et agréable, la zone de paiement doit l'être aussi.

Enfin, n'oubliez pas les détails qui rendent un magasin de fleurs unique. Offrez une place privilégiée à votre espace de travail, où vous composez vos bouquets. En donnant aux clients un aperçu du processus de création, vous ajoutez une touche personnelle qui peut transformer une simple visite en une expérience mémorable.

En résumé, le design et la disposition de votre magasin de fleurs devraient être bien pensés pour maximiser l'attraction des clients et faciliter leur shopping. En mettant l'accent sur la beauté des fleurs et en concevant une disposition fonctionnelle et attrayante, vous pouvez faire de votre magasin de fleurs un lieu de prédilection pour les amateurs de fleurs.

## Atmosphère et expérience client

Dans l'univers du commerce de détail, l'atmosphère et l'expérience client sont essentielles pour attirer et fidéliser une clientèle. C'est particulièrement vrai pour un magasin de fleurs, où l'ambiance peut avoir un impact significatif sur l'attrait de l'établissement pour les clients potentiels.

Passer la porte d'un magasin de fleurs, c'est un peu comme entrer dans un autre monde. Les parfums enivrants, les merveilleuses compositions colorées, le murmure apaisant de l'eau qui alimente un arrangement à la japonaise, tous ces détails contribuent à créer une atmosphère spécifique. L'ambiance de votre boutique est donc primordiale pour permettre à vos clients de s'évader, d'oublier le stress de leur quotidien et d'entrer dans un univers de beauté et de sérénité.

Avant d'aborder la question de l'aménagement, un point important à noter est que la propreté est un élément crucial dans un magasin de fleurs. Avoir un espace propre donne une impression de fraicheur et de qualité aux produits. Les sols, les surfaces de travail, mais aussi la vitrine doivent être impeccables à toute heure de la journée. Dans le même ordre d'idée, l'amplitude sonore est un point à surveiller. Un niveau sonore bas, agrémenté de temps à autre par de la musique douce et apaisante, peut contribuer à créer une ambiance relaxante.

Quant à l'agencement du magasin, il est essentiel

de répartir judicieusement les espaces en fonction des différentes catégories de plantes et de fleurs. L'objectif est de faciliter la circulation des clients et de rendre la sélection des produits la plus intuitive possible. Il faut aussi ajouter de petites touches personnelles pour rendre votre magasin unique et attrayant. Cela peut être des éléments décoratifs tels que des sculptures, des panneaux de bois gravés, des objets anciens ou des éléments naturels comme des galets ou des écorces d'arbre.

De plus, un bon éclairage est essentiel pour mettre en valeur vos produits. Un éclairage trop direct ou trop intense peut donner une impression de chaleur et nuire à la beauté des fleurs. À l'inverse, un éclairage trop faible peut créer une ambiance sombre et peu invitante. Il faut donc trouver un juste milieu pour offrir à vos clients une lumière agréable qui mettra en valeur vos arrangements floraux.

Enfin, n'oubliez pas l'importance de l'accueil. Un membre du personnel bienveillant, en mesure de conseiller les clients et de répondre à leurs questions, est une véritable valeur ajoutée. Un simple sourire, une attitude positive et un véritable intérêt pour les besoins des clients peuvent transformer une simple visite en magasin en une véritable expérience.

Dans l'ensemble, l'ambiance et l'expérience client sont de véritables leviers pour différencier votre magasin de fleurs des autres commerces de proximité. En soignant ces aspects, vous donnerez à vos clients l'envie de revenir encore et encore, ce qui est essentiel pour pérenniser votre business.

62

# Chapitre 8 Produits et Services.

## Sélection de produits

Dans le monde enchanteur des fleurs, la sélection des produits joue un rôle fondamental pour séduire vos clients et générer des revenus. Le cœur de votre offre dépend avant tout de la variété et de la qualité des fleurs que vous choisissez. Mais commençons par la base, les fleurs, qui sont les actrices principales de votre magasin. Vous devez proposer une vaste gamme de fleurs coupées, affichant une palette de couleurs et de parfums capables d'exciter l'imaginaire de vos clients. Il est essentiel d'avoir un assortiment de plantes et de fleurs locales, mais une offre exclusive de fleurs exotiques peut vous donner un avantage unique.

Ensuite, votre magasin de fleurs devrait offrir non seulement des bouquets et des compositions florales préparés à l'avance, mais aussi les fleurs à la pièce. La possibilité d'acheter des fleurs individuellement permet à vos clients de créer des bouquets personnalisés. Cela suscite un sentiment de créativité et d'individualité bien apprécié par beaucoup. Complémentairement, des bouquets tout prêts peuvent être conçus pour des occasions spécifiques comme les anniversaires, les mariages ou les funérailles, ce qui vous offre une autre voie de revenus.

Au-delà des fleurs, l'inclusion de plantes en pot dans votre assortiment peut augmenter vos profits. Un éventail de plantes en pot, à la fois décoratives et utilitaires, peut élargir votre clientèle. Les plantes décoratives sont souvent recherchées pour embellir les maisons, tandis que les plantes utilitaires, comme les fines herbes, sont appréciées dans les cuisines.

Il est aussi judicieux d'inclure une variété de produits connexes à la floriculture dans votre magasin. Les accessoires de jardinage, les pots, les jardinières, le terreau, les engrais, les semences, les bulbes sont quelques exemples de produits qui ajoutent de la valeur à votre offre. Ces produits peuvent attirer les clients qui sont avides de jardinage ou ceux qui cherchent à prendre soin de leurs achats de plantes.

En outre, un choix de cartes de vœux et d'emballages cadeaux peut compléter votre assortiment de produits. Ces articles complémentaires à vos bouquets peuvent faciliter l'achat de cadeaux par vos clients et ainsi augmenter vos ventes.

Vos services peuvent comprendre la livraison et l'installation des plantes et des fleurs, surtout pour les commandes importantes ou complexes. Vous pourriez également offrir des consultations de design pour aider vos clients à choisir les meilleures plantes et compositions florales pour leur intérieur. En outre, en organisant des ateliers floraux, vous pourrez non seulement montrer votre expertise, mais aussi créer une ambiance communautaire au sein de votre magasin.

En définitive, au-delà de l'importance de la variété et de la qualité de vos fleurs, un assortiment de produits et services diversifié peut vous aider à vous démarquer de la concurrence. Il peut également assurer une expérience client agréable, personnalisée et complète, qui fidélise vos clients et garantit des ventes régulières et croissantes. Votre sélection de produits est donc une composante cruciale de la réussite et de la rentabilité de votre magasin de fleurs.

## Services additionnels

Dans le cadre de l'extension de l'offre d'affaires d'un magasin de fleurs, des services additionnels peuvent être considérés comme des opportunités de croissance et de diversification. Ils contribuent non seulement à améliorer les revenus, mais aussi à renforcer la fidélité des clients en fournissant une expérience de service complète.

Pour commencer, les services de livraison de fleurs jouent un rôle essentiel pour tout magasin de fleurs prospère. Dans l'ère actuelle de la commodité numérique, pouvoir envoyer rapidement des fleurs à ses proches, quel que soit le lieu ou le moment, est devenu un aspect indispensable pour les clients. Les livraisons régulières, pour les anniversaires, les anniversaires de mariage et autres dates spéciales, offrent aux clients une commodité supplémentaire et leur permettent d'être prévoyants.

Ensuite, proposer un service de personnalisation floral est une autre manière d'ajouter de la valeur au métier de fleuriste. Cela peut aller de l'assemblage personnalisé de bouquets selon les goûts et les désirs des clients à la création de compositions florales pour les événements spéciaux. Cette approche sur mesure incite les clients à s'engager émotionnellement avec le magasin de fleurs, et cela peut mener à un afflux régulier de commandes personnalisées.

D'autre part, l'idée d'offrir des services d'abonnement floral hebdomadaire, mensuel ou saisonnier est un concept qui s'inscrit dans la mouvance du moment. Les clients peuvent choisir parmi une variété d'options telles que les bouquets de saison, les mélanges tropicaux ou même des compositions conçues spécialement pour eux. Non seulement ces abonnements génèrent un revenu stable pour le magasin de fleurs, mais ils créent également une relation à long terme avec les clients.

Intéressons-nous maintenant à une autre opportunité de service additionnel : l'organisation d'ateliers et de cours de design floral. Ces séances éducatives peuvent être organisées régulièrement - par exemple, une fois par semaine - pour enseigner aux clients comment créer leur propre arrangement floral. Ces ateliers renforcent non seulement le lien entre le client et le magasin, mais ils attirent également de nouveaux clients et deviennent une source de revenus supplémentaire.

Enfin, un service de consultant en décoration florale peut aussi être pensé. Si vous avez une expertise en design d'intérieur ou en décoration événementielle, vous pouvez offrir un tel service pour aider les clients à décorer leur maison ou leur lieu d'événement avec des fleurs harmonieusement choisies et placées. Ce service d'expert pourrait être facturé en fonction du temps passé et de la complexité du travail, générant ainsi une autre source de revenus pour le magasin.

En résumé, l'introduction de services additionnels dans un magasin de fleurs offre une multitude d'avantages. Non seulement cela augmente le potentiel de profits, mais aussi cela améliore l'engagement du client et la réputation de l'entreprise. En effet, la création d'une expérience client riche et variée est un excellent moyen de se démarquer dans le paysage concurrentiel des fleuristes. Et chacun de ces services met l'accent sur un autre aspect de l'attrait unique des fleurs, de leur beauté intrinsèque à leur capacité à créer une atmosphère, un sentiment, une connexion.

# Chapitre 9
# Gestion des employés.

## Recrutement

Recruter les bonnes personnes pour votre magasin de fleurs est un processus essentiel pour établir une entreprise florissante. Le personnel est le cœur de votre entreprise, non seulement en ce qui concerne le service à la clientèle, mais aussi pour faire tourner le magasin au quotidien. Le recrutement doit donc être abordé de manière méthodique et réfléchie pour assurer le succès futur de votre entreprise.

Le recrutement pour votre magasin de fleurs commence par une définition claire des postes à pourvoir. Cela implique de comprendre précisément ce que vous attendez de chaque rôle, qu'il s'agisse d'un fleuriste, d'un commis ou d'un gérant. Il est important d'avoir une idée précise des compétences et qualités requises pour chaque poste. Savoir ce que vous recherchez vous permettra de cibler efficacement les candidats lors du processus d'embauche.

Une fois que vous avez défini les postes, concentrez-vous sur la recherche de candidats. Il existe plusieurs méthodes pour cela, notamment par le biais de services d'emploi en ligne, de réseaux sociaux professionnels, ou en utilisant des agences de recrutement locales. Le bouche-à-oreille peut aussi être une méthode efficace, surtout si vous avez déjà des contacts dans l'industrie.

L'étape suivante consiste à passer en revue les candidatures. Prenez le temps de lire attentivement chaque CV, en recherchant des signes des qualités ou des compétences que vous avez identifiées lors de la définition des postes. N'oubliez pas que l'attitude et la passion peuvent être tout aussi importantes que l'expérience ; quelqu'un qui commence juste dans l'industrie peut avoir un grand désir d'apprendre et de réussir.

Lorsque vous avez sélectionné les meilleurs candidats, il est temps de passer aux entretiens. Les entretiens sont votre chance d'en savoir plus sur le candidat, ses compétences, son aptitude et sa personnalité. Prenez le temps de poser des questions bien pensées qui vous aideront à évaluer le potentiel de chaque candidat.

Après avoir terminé les entretiens, il est temps de prendre votre décision. N'oubliez pas que cette décision ne doit pas nécessairement dépendre uniquement de l'entretien. Pensez à chaque aspect du processus de recrutement et prenez en compte tous les éléments d'information que vous avez récoltés.

Enfin, une fois que vous avez fait votre choix, il est important de finaliser la procédure d'embauche en communiquant correctement avec le candidat. Cela comprend l'offre d'emploi, la négociation du salaire, ainsi que la discussion des termes et conditions du contrat de travail.

Le processus de recrutement peut sembler long et compliqué, mais il est vital pour le succès de votre magasin de fleurs. Prenez le temps nécessaire pour le processus, attachez-vous à trouver la bonne personne pour le bon poste, et vous aurez une équipe solide pour vous aider à faire fleurir votre entreprise.

## Formation

Dans l'ouverture et la gestion d'un magasin de fleurs, la formation des employés est un point crucial et non négligeable. Ce n'est pas nécessairement la connaissance des fleurs mais l'ensemble des compétences acquises qui peut déterminer le succès de votre entreprise.

Avant toute chose, il est primordial que vos employés aient une bonne connaissance de la nature et de la durée de vie des fleurs. Une formation en botanique et en horticulture est donc souhaitable pour tout employé d'un magasin de fleurs. Cela permettra non seulement de conseiller efficacement les clients sur le choix des fleurs mais aussi de garantir l'entretien optimal des produits en magasin. Il est également utile que les employés aient une connaissance de base des principes du design floral afin de créer des arrangements attrayants qui plairont à vos clients.

En outre, le service client est l'une des compétences les plus importantes à développer dans votre équipe. Les clients qui achètent des fleurs recherchent souvent des émotions, du plaisir ou tentent de réconforter un être cher. Il faudra donc bien souvent faire preuve de sensibilité et de délicatesse dans le conseil et l'accompagnement des clients. Afin de fournir ce niveau de service, vos employés pourraient bénéficier d'une formation en communication et en compétences de vente.

Cette formation leur donnera les outils dont ils ont besoin pour écouter le client, comprendre ses besoins et lui proposer les produits les plus adaptés.

Certaines compétences ne sont pas strictement liées au produit ou au service mais sont essentielles pour le bon fonctionnement du magasin. Il est donc important de former vos employés aux procédures d'ouverture et de fermeture du magasin, à la gestion de la caisse, à la réception des livraisons, à l'entretien des locaux et autres tâches quotidiennes. Lorsque tous les membres de l'équipe sont bien formés et savent exactement ce qu'ils ont à faire, cela facilite le fonctionnement général du magasin et garantit un haut niveau de service client.

La formation des employés n'est pas seulement une question d'acquisition de compétences, mais également de motivation et d'engagement. En investissant dans la formation de vos employés, vous leur montrerez que vous êtes prêt à investir dans leur développement personnel et professionnel. Cela peut non seulement améliorer leur performance, mais aussi leur donner un sentiment de valeur et d'appartenance à l'entreprise. En fin de compte, cela peut se traduire par une augmentation de la productivité et des revenus pour votre magasin de fleurs.

Pour conclure, la formation des employés est une étape importante et cruciale à ne pas négliger lors de l'ouverture d'un magasin de fleurs. Elle peut faire la différence entre un magasin réussi et un échec. Que cette formation soit dispensée en interne, par le biais de programmes personnalisés, ou en externe par des spécialistes, l'essentiel est qu'elle donne à vos employés les outils dont ils ont besoin pour réussir à tous points de vue.

# Chapitre 10
# Technologie et
# Innovations.

## Systèmes de point de vente

Dans le contexte dynamique et en constante évolution du commerce moderne, choisir le bon système de point de vente (PDV) est un élément crucial du succès d'un magasin de fleurs. C'est plus qu'un simple dispositif de traitement des transactions financières, c'est le cœur de toute entreprise commerciale, intégrant et gérant nombre de ses facettes les plus importantes.

L'essor de la technologie a conduit à l'émergence d'une série de systèmes de PDV capables de transformer la façon dont un magasin de fleurs fonctionne. Cela va bien au-delà de la simple transaction financière. Les systèmes de PDV modernes sont équipés de logiciels à la pointe de la technologie qui permettent un niveau avancé d'intégration et de gestion de la clientèle. Ils sont capables d'assurer un suivi de chaque article vendu, de consigner les préférences d'achat des clients et même de gérer les programmes de fidélité. Ces informations peuvent être utilisées pour analyser les tendances de vente, anticiper la demande et optimiser le stock.

Un système de PDV efficace peut rationaliser le processus d'achat pour le client, en rendant la transition de la sélection d'un produit à son paiement aussi facile et rapide que possible. Les systèmes de PDV modernes offrent une variété de modes de paiement, y compris les cartes de crédit, les services de paiement mobile et même les crypto-monnaies. Cette flexibilité peut donner un avantage à un magasin de fleurs dans une économie de plus en plus numérique et sans espèces.

La fonctionnalité en ligne a également pris une importance accrue à l'ère du e-commerce. Un système de PDV moderne peut intégrer une boutique en ligne, synchronisant automatiquement les niveaux de stock et les commandes en temps réel. Ceci est essentiel pour éviter les erreurs de stock et pour assurer une expérience d'achat transparente pour les clients, qu'ils achètent en magasin ou en ligne.

Outre ces avantages, les systèmes de PDV modernes offrent une variété de fonctionnalités innovantes. Par exemple, certains systèmes peuvent intégrer une fonction de marketing automatisé, qui peut aider à promouvoir les produits et à attirer de nouveaux clients. D'autre part, d'autres systèmes de PDV peuvent aider à gérer le côté financier de l'entreprise, comme la comptabilité et la gestion fiscale.

En conclusion, un système de PDV efficace peut apporter une multitude d'avantages à un magasin de fleurs, de l'amélioration de l'efficacité opérationnelle à la capacité d'offrir une expérience d'achat améliorée. C'est un investissement qui a le potentiel d'apporter des retours significatifs, tant en termes de profits que de satisfaction de la clientèle. Dans un monde de plus en plus numérique et connecté, ne pas tenir compte de ces innovations peut risquer de mettre le magasin à la traîne dans une compétition commerciale toujours plus serrée.

## Tendances innovantes

Dans le secteur de la vente de fleurs, répondre aux besoins du marché ne signifie pas seulement offrir une variété de fleurs de qualité ; cela implique aussi d'adopter et d'intégrer les dernières tendances technologiques et innovantes pour conserver et améliorer sa compétitivité.

Récemment, un grand nombre de tendances technologiques a commencé à remodeler l'industrie des fleuristes. Désormais, les magasins de fleurs en ligne deviennent avant-gardistes et recourent à l'utilisation de l'intelligence artificielle. Par exemple, grâce à l'IA, les clients peuvent intuitivement choisir des arrangements de fleurs en fonction de leur préférence en couleur, type de fleur, saison et occasion. L'IA essaie ensuite de combiner ces informations pour offrir les meilleures suggestions d'arrangements floraux pour chaque client. Cette technologie permet à la fois d'améliorer l'expérience d'achat et d'accroître la fidélité des clients.

Outre l'IA, l'application de la réalité augmentée (RA) dans le secteur floristique est un autre aspect remarquable. La réalité augmentée permet aux clients de voir comment un arrangement floral particulier pourrait apparaître dans leur espace en temps réel. Cela aide les clients à prendre une décision éclairée sans avoir à visiter physiquement le magasin, ce qui s'avère particulièrement utile en cette période de pandémie.

Également, l'importance de la durabilité a gagné en

popularité dans de nombreux secteurs et l'industrie floristique n'est pas en reste. L'utilisation de matériaux recyclables et biodégradables pour les arrangements floraux et les emballages devient une tendance. Ce genre d'initiatives réunit les clients qui sont conscients de l'environnement et souhaitent soutenir les entreprises qui prennent des mesures en faveur de la durabilité.

Et n'oublions pas, au sein de cette ère numérique, la volonté d'expressivité personnelle et de connexion authentique. En effet, de nombreux fleuristes proposent désormais des ateliers en ligne et des événements virtuels, où les clients peuvent apprendre à créer leurs propres bouquets. Ces expériences personnalisées renforcent la relation entre le magasin et le client et offrent aux clients la possibilité de comprendre et de participer activement à l'art floral.

Ainsi, les fleuristes innovants embrassent la technologie, repoussent les frontières de cette industrie et cherchent de nouvelles façons de servir et d'engager leurs clients. En combinant les pratiques traditionnelles avec ces nouvelles tendances, un entreprises de fleuristerie peut non seulement améliorer son offre et son rendement, mais également créer une véritable communauté autour de sa marque. L'avenir est prometteur pour ceux qui sont prêts à embrasser l'innovation et à sculpter l'avenir de l'industrie des fleurs avec des idées fraîches et audacieuses.

# Chapitre 11
# Expansion et
# Croissance.

## Stratégies d'expansion

Dans le monde des affaires florales, l'expansion est un signe de croissance et de réussite. Cependant, il faut une planification minutieuse et l'adoption de stratégies adéquates pour garantir un développement durable. Voici des perspectives de réflexion sur les stratégies d'expansion pour votre magasin de fleurs.

Tout d'abord, l'une des avenues les plus rentables d'expansion est le développement de la présence en ligne. À l'ère du numérique, avoir un site web complet, attrayant et facile d'utilisation peut faire la différence entre une floraison et un flétrissement. Il est important d'investir du temps et de l'argent pour créer une plateforme numérique qui mettra en valeur vos produits, mais aussi pour développer la présence de votre marque sur les réseaux sociaux. Cela ouvrira des canaux de ventes supplémentaires, améliorant ainsi votre portée et votre chiffre d'affaires.

Ensuite, l'expansion physique du magasin est également une option viable. Cela peut signifier l'ouverture de nouvelles boutiques dans d'autres quartiers, voire dans d'autres villes. Cependant, cette décision doit être soutenue par une recherche de marché approfondie pour identifier les lieux où votre entreprise sera la plus rentable. Une identité visuelle cohérente entre tous les magasins est également cruciale pour maintenir une marque forte et reconnaissable.

Parallèlement à l'expansion des points de vente, penser à élargir la gamme de produits peut être une autre avenue lucrative. Par exemple, l'ajout d'arrangements floraux thématiques, de plantes en pot ou de décorations pour différentes occasions peut attirer une clientèle plus large. De plus, offrir des services comme l'arrangement floral personnalisé ou les consultations de mariage peut ajouter une valeur supplémentaire à votre entreprise.

Une autre stratégie importante est le réseautage et les partenariats stratégiques, qui peuvent élargir votre clientèle et augmenter vos ventes. Par exemple, collaborer avec des organisateurs d'événements, des hôtels et des restaurants locaux pour fournir des fleurs lors de leurs événements peut vous apporter une visibilité accrue et de nouvelles opportunités de revenus.

Enfin, n'ignorez jamais l'importance des relations publiques et du marketing dans le processus d'expansion. Une campagne publicitaire bien planifiée, qu'elle soit en ligne ou hors ligne, peut attirer des clients potentiels et augmenter la notoriété de votre marque. De même, un excellent service client et des relations solides avec vos clients actuels peuvent conduire à la croissance par le bouche-à-oreille, l'une des formes de publicité les plus efficaces.

Dans l'ensemble, le processus d'expansion d'un magasin de fleurs nécessite une planification et une stratégie adaptées aux spécificités de votre entreprise et du marché. Chacune des avenues évoquées peut fournir des chances de croissance, mais leur pertinence dépendra de votre situation unique. Que vous choisissiez d'investir dans le numérique, dans la présence physique, dans l'élargissement de la gamme de produits, dans les partenariats stratégiques ou dans le marketing, chaque démarche doit être méticuleusement pesée et planifiée pour assurer le succès de votre entreprise florale.

## Partenariats et collaborations

Dans le déploiement et l'expansion de votre magasin de fleurs, la formation de partenariats stratégiques et la collaboration avec d'autres acteurs du marché sont essentielles. Une alliance judicieuse peut être la clé de relations d'affaires dynamiques, de canaux de vente supplémentaires et de gains de productivité importants, éléments tous cruciaux pour la croissance de votre magasin de fleurs.

Premièrement, un partenariat stratégique avec d'autres entreprises locales peut favoriser une culture d'échange et de collaboration. Il se peut que vous ayez un client à la recherche de services qui vont au-delà de ce que vous pouvez lui offrir. En ayant des partenariats avec d'autres entreprises locales, vous pouvez assurer le passage en douceur de ce client à un partenaire qui peut répondre à ses besoins supplémentaires, et vice versa. Ce type de collaboration peut entraîner des affaires réciproques et, éventuellement, contribuer à augmenter vos revenus.

De plus, il est également profitable de nouer des

partenariats avec de grandes entreprises ou des marques qui cherchent souvent à ajouter une touche personnelle à leurs événements ou leurs lancements de produits. En tant que fleuriste, vous êtes en mesure de leur fournir ce service. Lorsque vous collaborez avec des marques établies, votre nom gagne non seulement en visibilité, mais vous vous créez également une réputation en tant que fournisseur de choix pour des clients haut de gamme, ce qui peut accroître votre base de clientèle et, par conséquent, votre chiffre d'affaires.

Un autre aspect des partenariats et des collaborations se situe au niveau des fournisseurs. Un bon partenariat avec vos fournisseurs peut garantir la régularité et la qualité des fleurs que vous offrez. En faisant preuve de loyauté envers un fournisseur en particulier, vous pouvez non seulement négocier des prix plus avantageux, mais aussi bénéficier de modalités de crédit flexibles, ce qui peut améliorer votre trésorerie.

Pour ce qui est des partenariats avec des entreprises en ligne et des plateformes de commerce électronique, ces alliances peuvent vous aider à élargir votre clientèle en atteignant des clients éloignés géographiquement. De plus, en collaborant avec des services de livraison, vous pouvez augmenter votre capacité à répondre à plus de commandes, augmentant ainsi vos ventes et vos profits.

Enfin, pensez à la collaboration avec les acteurs du milieu du mariage et de l'événementiel. En vous associant à des planificateurs de mariage, des photographes, des coordonnateurs de lieux de réception, vous pouvez vous assurer de toujours être sur leur liste de recommandations pour les arrangements floraux.

Pensez aux partenariats et collaborations non pas comme des transactions uniques, mais comme des occasions de construire des relations solides et durables qui contribueront à la croissance de votre magasin de fleurs. En cultivant ces relations, votre entreprise aura la possibilité de s'épanouir tout comme les belles fleurs que vous vendez.

94

# Chapitre 12
# Études de cas.

## Succès et échecs

Dans la fascinante industrie florale, de nombreux entrepreneurs ont trouvé leur passion et leur appel, écrivant ainsi leur propre histoire de succès ou d'échec. Dans chaque histoire, des leçons précieuses émanent de ces expériences, fournissant des illustrations vivantes de ce qu'il faut faire et ne pas faire en ouvrant un magasin de fleurs.

Prenez le cas de Mademoiselle Fleur, qui a ouvert son propre magasin de roses dans le cœur de Paris, baptisé "La Rose Parfaite". Madame Fleur a toujours eu un amour pour les roses et a décidé de suivre sa passion, transformant une ancienne boulangerie en une boutique florale vibrante. Son engagement à fournir des roses de la plus haute qualité, à offrir un service à la clientèle exceptionnel et à maintenir une approche novatrice dans ses compositions florales a conduit à un énorme succès. Ses arrangements de roses éclatants sont devenus une sensation dans tout Paris, attirant des clients de loin pour goûter à leur beauté inégalée. L'histoire de Mademoiselle Fleur témoigne de l'importance de la passion, de la dévotion au service à la clientèle et d'une vision unique pour prospérer dans l'industrie florale.

Cependant, toutes les boutiques de fleurs n'ont pas connu le même succès. Considérez le cas de Monsieur Amaryllis, qui a tenté d'ouvrir une boutique spécifique d'amaryllis à Nice. En dépit de son dévouement et de son amour pour les amaryllis, le magasin n'a pas pu survivre à la concurrence féroce des autres boutiques florales locales offrant une plus grande variété de fleurs. De plus, sa spécialisation étroite n'a pas réussi à attirer suffisamment de clients pour soutenir l'entreprise à long terme. Il s'agit d'une illustration poignante de la nécessité d'équilibrer la spécialisation et la diversification, tout en tenant compte du bassin de clients potentiel et de la dynamique concurrentielle locale.

Un autre exemple marquant est celui de Fleurs en pot, une boutique basée à Lyon, spécialisée dans les plantes en pot destinées aux bureaux et aux maisons. Malheureusement, leur échec est venu de leur incapacité à adapter les opérations à l'ère numérique. Alors que la tendance à l'achat en ligne devenait inévitable, Fleurs en pot a lutté pour survivre face à la concurrence en ligne. Ceci souligne l'importance de la digitalisation et de l'adaptation aux nouvelles tendances du marché pour rester compétitif.

Pour conclure, chaque histoire d'ouverture d'un magasin de fleurs et son résultat, qu'il soit de succès ou d'échec, est unique. Entrer dans l'industrie florale demande plus qu'une passion pour les fleurs ; elle demande également une compréhension approfondie des besoins des clients, une vision claire, et la capacité à s'adapter et à évoluer avec le marché. Ces études de cas offrent des aperçus précieux, allant de l'accent mis sur le service à la clientèle et l'innovation, à la nécessité de se diversifier et de s'adapter à l'évolution des tendances technologiques et du marché.

## Leçons apprises

À travers les diverses études de cas que nous avons parcourues, un certain nombre de leçons cruciales se sont imposées. La première et peut-être la plus importante observation fut l'importance primordiale de la passion et du dévouement à votre art. Les propriétaires de magasins de fleurs qui ont réussi ont tous partagé une profonde affection pour leur métier, considérant la floriculture non pas simplement comme une manière de gagner de l'argent, mais comme une véritable vocation.

Une autre leçon essentielle bâtie sur le thème de la passion est que l'ouverture d'un magasin de fleurs ne devrait jamais être une décision prise à la légère. C'est un engagement sur le long terme qui nécessite une planification et des recherches approfondies pour comprendre votre marché, vos clients potentiels et le paysage concurrentiel. Des études approfondies qui en ont résulté ont montré que la connaissance des arrangements floraux, des saisons et du soin des plantes était tout aussi importante que l'expertise en gestion des affaires.

L'emplacement a été une autre leçon cruciale. Le choix idéal de l'emplacement d'un magasin de fleurs a été une clé essentielle au succès, avec une préférence pour des zones à fort trafic, proches de grandes voies de communication, facilement accessibles et visibles. La proximité de cimetières, d'hôpitaux ou de lieux de cérémonies peut également s'avérer bénéfique.

Parallèlement à cela, le choix de l'assortiment de produits ne saurait être négligé. Il est important de proposer des produits variés, des fleurs aux plantes, des arrangements pré-fait aux commandes personnalisées, afin de répondre à un large spectre d'exigences de la clientèle. L'innovation a été une autre leçon apprise. L'ajout de services connexes comme la livraison à domicile, les cartes-cadeaux, les abonnements floraux, ou encore la vente en ligne semblait être une voie de croissance intéressante à explorer.

Enfin, l'une des leçons les plus inattendues est venue de l'importance de la relation client. Un service personnalisé, l'attention aux détails, la sincérité dans les interactions face-à-face - ces éléments ont tous contribué à transformer un achat ponctuel en une relation durable et mutuellement bénéfique.

Toutes ces leçons, bien qu'importantes, ne représentent qu'une fraction de ce qu'il faut apprendre pour ouvrir et gérer avec succès un magasin de fleurs. Il est essentiel de se rappeler que chaque magasin, tout comme chaque fleur, est unique. De petits ajustements peuvent faire toute la différence pour assurer la pérennité de votre entreprise et assurer que les bénéfices soient à la hauteur des efforts fournis.

# Chapitre 13
# Conclusion.

## Récapitulatif des points clés

Récapitulatif des points clés, voilà ce qui façonne la voie vers le succès de l'ouverture de votre magasin de fleurs. Tout d'abord, il est essentiel d'avoir une compréhension solide de l'industrie florale et des tendances du marché. Ensemble, ces informations vous permettront non seulement d'identifier le bon emplacement pour votre magasin de fleurs, mais aussi de développer un assortiment de produits qui répondent à la demande des consommateurs.

Toutefois, il convient de noter que la connaissance du secteur n'est pas suffisante en soi. Il est tout aussi important d'avoir un plan d'affaires solide. Ce document stratégique vous permettra d'établir des objectifs clairs, de définir votre proposition de valeur et de souligner vos stratégies marketing. Il vous aidera également à déterminer le montant de capital nécessaire pour démarrer votre entreprise et à anticiper les dépenses futures.

Votre personnel joue également un rôle crucial dans le succès de votre magasin de fleurs. Assurez-vous d'embaucher une équipe de passionnés de fleurs avec un excellent sens du service à la clientèle. L'attention portée à la formation de votre personnel peut faire la différence entre un client fidèle et un client perdu.

L'innovation est une autre clé de la réussite dans ce secteur. Avec des tendances florales qui évoluent rapidement, il est primordial de rester à jour et de s'adapter constamment. Cela peut signifier le développement de nouvelles offres de produits, l'établissement de collaborations créatives, ou simplement l'amélioration de l'efficacité opérationnelle de votre magasin.

Dans le même ordre d'idée, il est impératif d'adopter une approche axée sur le client. En fin de compte, les gens viennent dans votre magasin non seulement pour acheter des fleurs, mais aussi pour une expérience. Que ce soit à travers un service à la clientèle exceptionnel, une belle esthétique de magasin ou une offre unique, vous devez toujours vous efforcer de dépasser les attentes de vos clients.

En ce qui concerne les revenues, il est important de noter que le montant que vous pouvez gagner varie en fonction de nombreux facteurs. Parmi eux figurent l'emplacement de votre magasin, la taille de votre clientèle, le type de produits que vous vendez, et comment vous gérez vos coûts. Néanmoins, avec une bonne gestion et une forte demande pour les fleurs, votre magasin a le potentiel d'être rentable.

Pour conclure, l'ouverture et la gestion d'un magasin de fleurs peuvent être des tâches complexes et exigeantes. Toutefois, en adoptant une approche structurée basée sur une compréhension approfondie du marché, une planification stratégique, une excellente équipe, une innovation constante et un service à la clientèle exceptionnel, vous pouvez augmenter vos chances de réussir dans cette entreprise florissante.

## Conseils finaux

En guise de conclusion de cette exploration exhaustive sur l'ouverture d'un magasin de fleurs, il est essentiel de se rappeler que chaque magasin est aussi unique que la personne qui le dirige ou même les fleurs qu'il vend. Toutefois, quels que soient votre style et votre personnalité, certains conseils peuvent servir de guide précieux pour le succès de votre entreprise florale.

L'un des aspects les plus cruciaux de la gestion d'un magasin de fleurs, outre l'aspect financier qui a été largement discuté dans les précédentes sections, est sans aucun doute la passion. C'est ce qui alimente la créativité, l'innovation et la persévérance dont vous aurez besoin pour rester compétitif dans un marché florissant mais souvent encombré. Chaque bouquet que vous créez n'est pas seulement un produit, mais une forme d'art et une projection de vos valeurs. Vos clients recherchent quelque chose de spécial, une œuvre faite à la main et non de la production en masse.

Ensuite, il est vital de maintenir une excellente relation avec vos fournisseurs de fleurs. Des relations solides et de confiance avec vos fournisseurs peuvent vous aider à obtenir des fleurs de la plus haute qualité, à obtenir des astuces sur les nouvelles tendances florales, et peut-être même à obtenir des prix préférentiels. Plus vous en saurez sur l'origine de vos fleurs, plus vous pourrez partager avec vos clients et leur montrer que vous vous souciez de chaque élément de votre entreprise.

Par ailleurs, la diversification de vos offres peut s'avérer bénéfique. Pourquoi ne pas proposer des ateliers de composition florale, des sessions de thérapie avec des fleurs, ou d'autres activités ludiques et éducatives ? Cela non seulement offrira une source de revenus supplémentaire, mais aussi renforcera votre engagement envers la communauté, créant un sentiment d'appartenance entre votre magasin et vos clients.

Enfin, n'oubliez pas que l'aventure entrepreneuriale est semée de défis, et parfois d'échecs. Il est essentiel d'apprendre de ces expériences et d'y voir une occasion d'amélioration plutôt qu'un frein. Tenir un magasin de fleurs peut être exigeant, aussi bien physiquement qu'émotionnellement, avec ses longues heures de travail et son engagement constant envers la qualité et l'innovation. Néanmoins, le sentiment de satisfaction que apporte la création et le partage de la beauté des fleurs, ainsi que le sourire des clients lorsqu'ils trouvent le bouquet idéal, en font une expérience profondément gratifiante.

En définitive, une fois les principes de rentabilité financière assimilés, il est crucial de mettre l'accent sur les valeurs humaines et émotionnelles qu'une telle entreprise peut engendrer. L'amour de la nature, la créativité, le souci du détail ou encore le sens du service sont autant de qualités que vous pourrez développer et partager en ouvrant un magasin de fleurs. Nulle autre entreprise ne vous offrira une telle opportunité de faire de votre passion votre métier tout en émerveillant le monde à chaque création florale. Même si le chemin peut être long et semé d'embûches, la récompense en vaut la peine.

www.ingramcontent.com/pod-product-compliance
Lightning Source LLC
Chambersburg PA
CBHW070153230526
45471CB00002B/641